Exploremos la ciencia

PLANTAS fuera de LUGAR

COURTNEY FARRELL

Rourke Educational Media
rourkeeducationalmedia.com

www.rourkeeducationalmeida.com

Photo credits: Tad Denson/Shutterstock Images, cover; Ellen Morgan/Shutterstock Images, cover; iStockphoto, cover; Michael Meyer/iStockphoto, cover; Murat Besler/Shutterstock Images, cover, 1 (background); Journal Star, David Zalaznik/AP Images, 1 (top), 19 (bottom); Willey Durden/United States Department of Agriculture, 1 (bottom); Pietro Basilico/Shutterstock Images, 4; Alexander Drack/iStockphoto, 5; Tomasz Gulla/Shutterstock Images, 6; Dorling Kindersley, 7; Shutterstock Images, 8, 9, 32; Diane Picard/Shutterstock Images, 10; Melissa Carroll/iStockphoto, 11; Ricardo De Mattos/iStockphoto, 12; Peggy Greb/United States Department of Agriculture, 13; Troy Maben/AP Images, 14; Red Line Editorial, Inc., 15, 19 (top), 29 (top), 30 (top), 35, 37, 39 (top); Norman Rees/United States Department of Agriculture, 16; Tim McCaig/iStockphoto, 17; T. Markley/Shutterstock Images, 18; Danny E. Hooks/Shutterstock Images, 20; Chuck Burton/AP Images, 21; Roger Alford/AP Images, 22; Alan Marler/AP Images, 23; Mary Ann Chastain/AP Images, 24; Alexander Raths/iStockphoto, 25; Northwind Picture Archive/Photolibrary, 26; Matt Jones/Shutterstock Images, 27; Willey Durden/United States Department of Agriculture, 28; Ramon Rodriguez/iStockphoto, 29 (bottom); The Brazosport Facts, Miguel Varela/AP Images, 30 (bottom); Pablo Galan Cela/Photolibrary, 31; Steve Miller/AP Images, 33; Alexandre Meinesz, HO/AP Images, 34; Press Association/AP Images, 36; Keith J Smith/iStockphoto, 38; Christian Février/Nature Picture Library, 39 (bottom); Ken Cote, Indiana Department of Natural Resources, Division of Entomology and Plant Pathology/AP Images, 40; Suzanne Tucker/Shutterstock Images, 41; Duane Ellison/iStockphoto, 42; U.S. Department of Agriculture/AP Images, 43; Andrew Helwich/iStockphoto, 44; Lisa F. Young/iStockphoto, 45

Editor: Holly Saari
Cover and page design: Kazuko Collins

Content Consultant: Jacques Finlay, Associate Professor, Department of Ecology, Evolution and Behavior, University of Minnesota

Editorial/Production Services in Spanish
by Cambridge BrickHouse, Inc.
www.cambridgebh.com

Farrell, Courtney.
Plantas fuera de lugar / Courtney Farrell.
(Exploremos la ciencia)
ISBN 978-1-63155-093-5 (hard cover - Spanish)
ISBN 978-1-62717-278-3 (soft cover - Spanish)
ISBN 978-1-62717-489-3 (e-Book - Spanish)
ISBN 978-1-61590-561-4 (soft cover-English)
Library of Congress Control Number: 2014941431

Rourke Educational Media
Printed in the United States of America,
North Mankato, Minnesota

Rourke Educational Media

rourkeeducationalmedia.com

customerservice@rourkeeducationalmedia.com • PO Box 643328 Vero Beach, Florida 32964

Contenido

Capítulo 1

¿QUÉ SON LAS PLANTAS FUERA DE LUGAR?

En el siglo XIX, el Tamarix fue traído a los Estados Unidos desde Asia. La gente pensó que sería una buena adición al paisaje de Estados Unidos. También pensaron que el pequeño árbol o arbusto ayudaría a prevenir la **erosión** del suelo. Pero muy pronto, estaba causando más daño que beneficios.

Guía sobre el tamarix

Apariencia:
arbusto denso o árbol pequeño, flores blancas o rosadas

Modos de propagación:
aire, agua

Métodos de eliminación:
escardar, herbicidas, control biológico

Las raíces del tamarix absorben rápidamente los minerales y el agua del suelo. Este almacena las sales minerales en las hojas. Cuando las hojas caen, el suelo alrededor del árbol se pone muy salino, o salado. Las plantas cercanas no pueden vivir en este suelo seco y salado y muchas mueren.

Entre las décadas de 1930 y 1950, el tamarix se extendió descontroladamente y afectó a las aves. Antes de difundirse el tamarix, se estimaba que en 100 acres (40.5 hectáreas) de tierra podían vivir aproximadamente 150 **especies** de flora y fauna. Pero después de la llegada de la planta, solo cuatro especies vivían en 100 acres de tierra.

Muchas plantas mueren cuando el tamarix invade sus territorios.

El tamarix es un ejemplo de una planta que está fuera de lugar, o una **planta no nativa**. También es una especie invasora, o una especie no nativa que crece fuera de control y daña el **hábitat** que invade. Son lo opuesto de las **plantas nativas**.

PLATAS NATIVAS

En América del Norte, muchas personas consideran plantas nativas a aquellas que existieron allí antes de que los colonos europeos trajeran plantas de su continente.

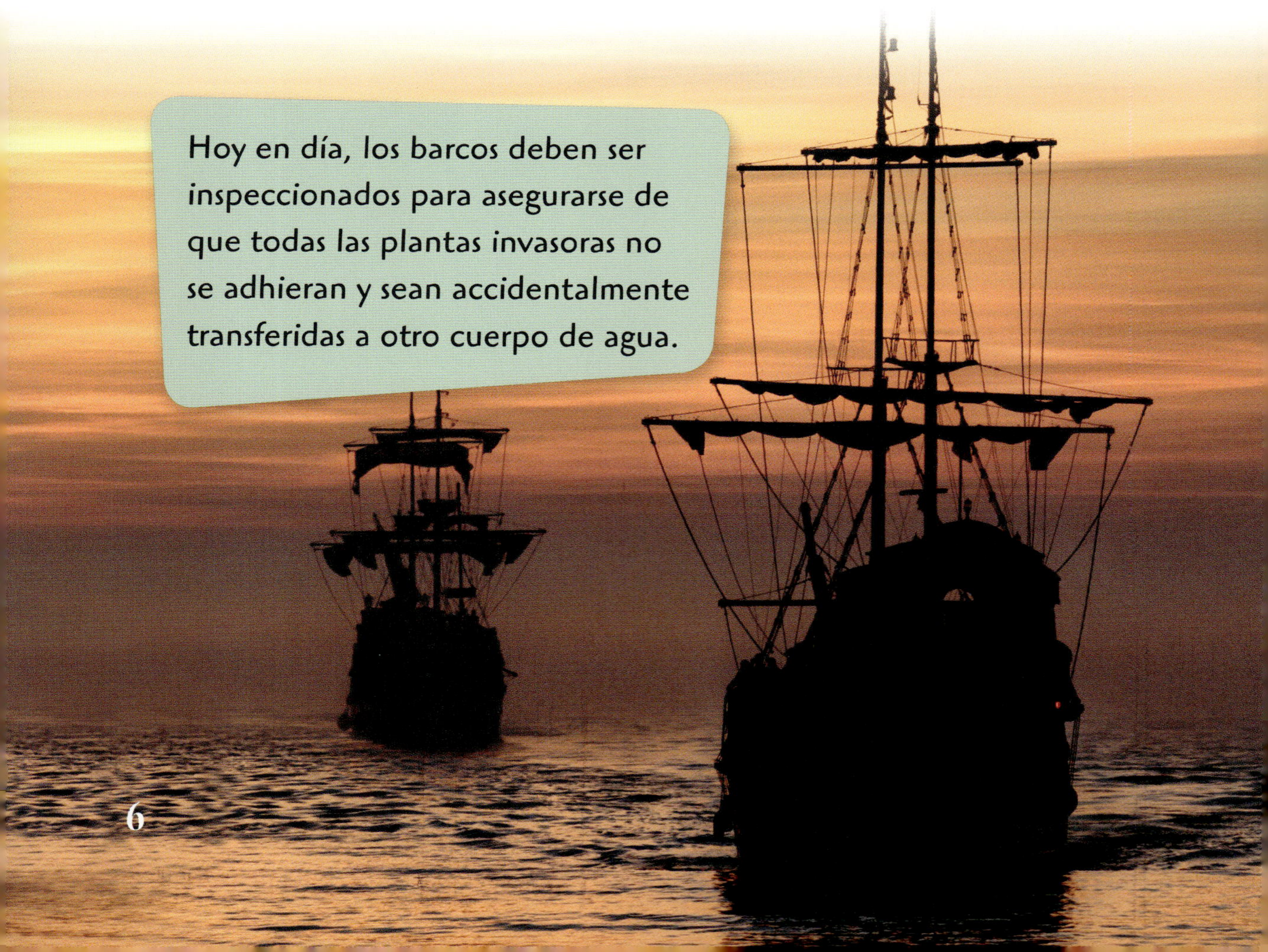

Hoy en día, los barcos deben ser inspeccionados para asegurarse de que todas las plantas invasoras no se adhieran y sean accidentalmente transferidas a otro cuerpo de agua.

Las flechas en la cadena alimentaria apuntan a lo que come un animal. En una cadena alimentaria marina, el plancton está en la parte inferior y las orcas están en la parte superior.

Cadena alimentaria oceánica

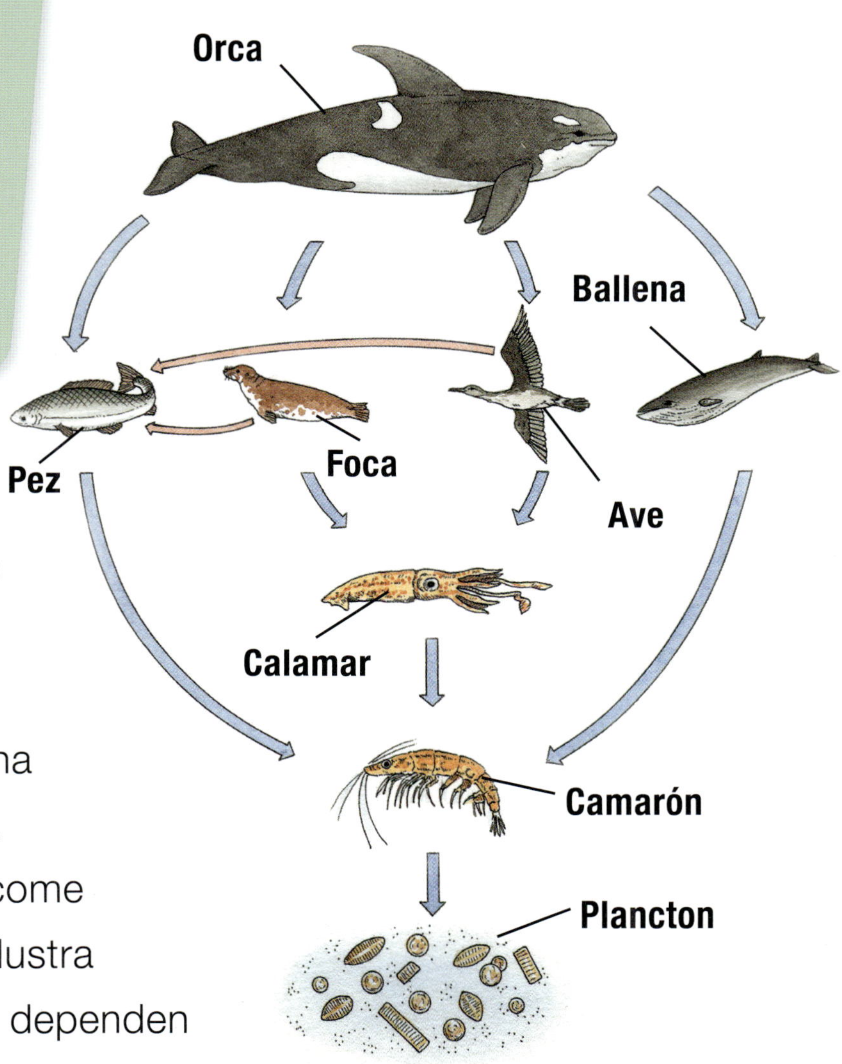

Las plantas nativas son partes importantes de las **cadenas alimentarias** y las **redes tróficas**. Una cadena alimentaria muestra quién se come quién en un área. Ilustra cómo los animales dependen de las plantas para comer, crecer y vivir. Las redes tróficas son cadenas alimentarias que están conectadas unas a otras. Las plantas nativas proporcionan alimentos a los **herbívoros**, que son los animales que comen plantas. Los animales comen las hojas y semillas de las plantas.

¿SABÍAS QUE...?

Las plantas se **reproducen**, o hacen nuevas plantas, de muchas maneras. Algunas tienen semillas o esporas que forman plantas nuevas después de que caen en el suelo. Otras plantas se reproducen vegetativamente. Esto significa que las nuevas plantas brotan de las raíces o tallos de las plantas más viejas.

PLANTAS NO NATIVAS E INVASORAS

Cuando los seres humanos mueven una planta a una nueva región, esta se convierte en no nativa. No pertenece a ese lugar. Las plantas no nativas crecen en lugares distintos de donde existen naturalmente.

Las plantas no nativas generalmente no son comidas por los herbívoros locales. Los animales que comen esas plantas no nativas en su región natal, a menudo no viven en la nueva región. Como muchos animales en el nuevo hábitat no comen las semillas y las hojas de las plantas no nativas, estas plantas pueden diseminarse fuera de control.

Las plantas no nativas que se propagan fuera de control se denominan **plantas invasoras**. Las plantas invasoras crecen y se propagan más rápidamente. Crecen mejores en suelos perturbados. Este es el suelo que los seres humanos han afectado por excavaciones, construcciones y otras actividades similares.

CÓMO PERJUDICAN LAS PLANTAS INVASORAS

Las plantas invasoras compiten con las plantas nativas de muchas maneras. Algunas plantas invasoras crean mucha sombra. Sin suficiente luz solar, ciertos tipos de plantas nativas mueren. Algunas plantas invasoras incluso producen **toxinas** en sus hojas. Las toxinas envenenan el suelo y las otras plantas no pueden vivir allí. Después de un tiempo, algunas plantas nativas desaparecen completamente.

Algunas plantas invasoras absorben mucha agua con sus raíces, haciendo el suelo demasiado seco para que las plantas nativas puedan sobrevivir.

¿SABÍAS QUE...?

Las plantas crecen convirtiendo la luz del Sol en energía. También necesitan el dióxido de carbono del aire. Y necesitan el suelo, que les provee agua y minerales. Las plantas reúnen todas estas cosas y producen su propio alimento. Este proceso se llama **fotosíntesis**.

Si las plantas invasoras se posicionan, habrá menos plantas nativas para alimentar a los herbívoros. Especies como los conejos y los ciervos, pueden comenzar a morir sin este alimento. Estos cambios en una cadena alimentaria también pueden afectar a los depredadores superiores como los osos y los lobos. Siguiendo este patrón, el daño de las plantas no nativas se propaga a través del **ecosistema**.

Cuando las plantas invasoras afectan negativamente a ciervos y conejos, los suministros de alimentos pueden disminuir para los depredadores superiores como osos y lobos.

Guía sobre la salicaria

Apariencia:
púas verdes, flores púrpura

Formas de propagación:
produce y dispersa gran cantidad de semillas

Métodos de eliminación:
escardar, herbicidas, control biológico

No todas las plantas no nativas son invasivas. Algunas crecen bien donde se plantaron sin propagarse demasiado. Por ejemplo, muchas plantas de jardín comunes son no nativas. En América del Norte, el iris siberiano es una planta no nativa, pero no es invasiva. No suplanta a otras plantas nativas.

Otras flores del jardín son invasivas y no nativas. Y se propagan en áreas naturales. Un ejemplo es la salicaria, una planta alta con hermosas espigas de flores de color púrpura. Esta crece en zonas húmedas en todo Estados Unidos y **desplaza** a las plantas nativas.

Las plantas nativas del humedal son importantes porque proporcionan alimento a la fauna silvestre. Aunque es bonito mirar la salicaria, muchos animales no la comen. Esta planta no nativa perjudica la cadena alimentaria.

Capítulo 2

PLANTAS INVASORAS DEL OESTE DE ESTADOS UNIDOS

Las plantas nativas en el ecosistema de las Montañas Rocosas son frágiles. Hace algunos años, muchas de estas plantas crecían bien en la región. Eso cambió cuando los ganaderos trajeron ganado a la zona a mediados y finales del siglo XIX. La tierra sufrió el sobrepastoreo y se llenó de parches de suelo desnudo.

ARABUEYES

Los arabueyes fueron introducidos accidentalmente en Estados Unidos alrededor del año 1880. Las semillas llegaron probablemente mezcladas en una bolsa de otras semillas.

Los arabueyes dejaron sin pasto a los animales. Como la hierba, esta se pone verde en primavera, pero ya se ha muerto en la temporada de verano.

Guía sobre el arabuey

Apariencia: hierba fina del color del heno cuando se seca

Formas de propagación: viento, semillas adheridas a animales y humanos

Métodos de eliminación:: herbicidas, fuegos controlados, pastoreo animal

Los caballos y el ganado solo pueden comer arabueyes durante unas seis semanas antes de que la planta forme cabezas de semillas punzantes. Los animales que se comen las cabezas de semillas se quedan con las púas dentro de su boca. Las semillas filosas se meten debajo de la piel como astillas. Las heridas se infectan y perjudican a los animales. Las bocas de los animales pueden quedar tan heridas que no pueden comer.

El arabuey causa problemas para las personas, pues se incendia fácilmente. En las zonas infestadas por arabueyes, los incendios pueden ser más frecuentes. Las semillas se adhieren a las ropas de las personas que caminan en campos **infestados** y las llevan consigo a otros lugares, propagando la planta.

Una forma de deshacerse de los arabueyes es provocando incendios controlados. Los incendios controlados destruyen la planta. Algunas sustancias químicas pueden ser aplicadas a la planta para matarla. Otra manera de deshacerse del arabuey es sacarlo a mano o a máquina. Después de que cada planta se ha retirado, se puede sembrar una planta nativa en su lugar.

El pastoreo de cabras es una forma de controlar los arabueyes. Los animales se comen las plantas en la primavera antes de que formen las cabezas de semillas afiladas.

Lugares donde hay arabuey en Estados Unidos

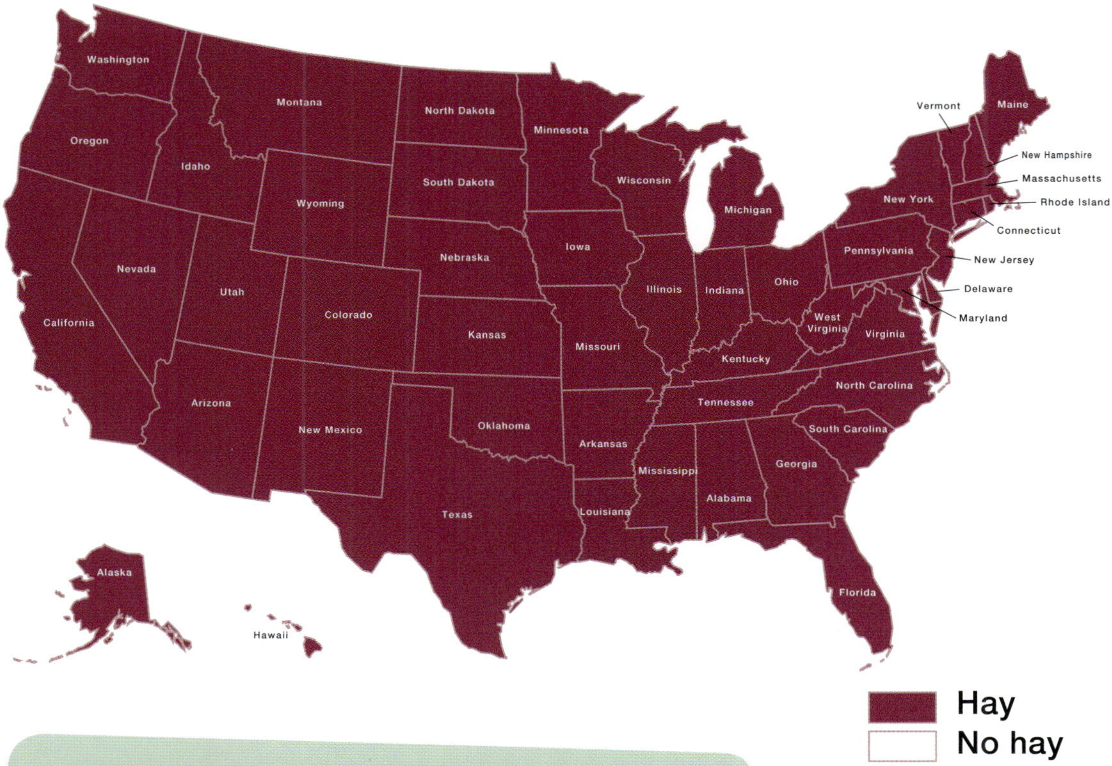

El arabuey crece en los 50 estados, pero es más abundante en los estados de oeste.

¿SABÍAS QUE...?

Con **herbicidas** se pueden eliminar las plantas invasivas y ayudar a restablecer las plantas nativas. ¡Pero los niños nunca deben manipularlos! Estos mata hierbas son venenos peligroso que pueden hacerle daño tanto a las personas como a las malas hierbas.

EUPHORBIA

La euphorbia es una mala hierba con flores de color amarillo y blanco, y savia pegajosa. Es una maleza invasora de Europa y Asia, que fue introducida accidentalmente en los Estados Unidos en el siglo XIX.

Guía sobre la euphorbia

Apariencia:
hojas verde-azulosas, flores amarillas pequeñas

Formas de propagación:
viento, semillas adheridas a animales y humanos

Métodos de eliminación:
herbicidas, control biológico

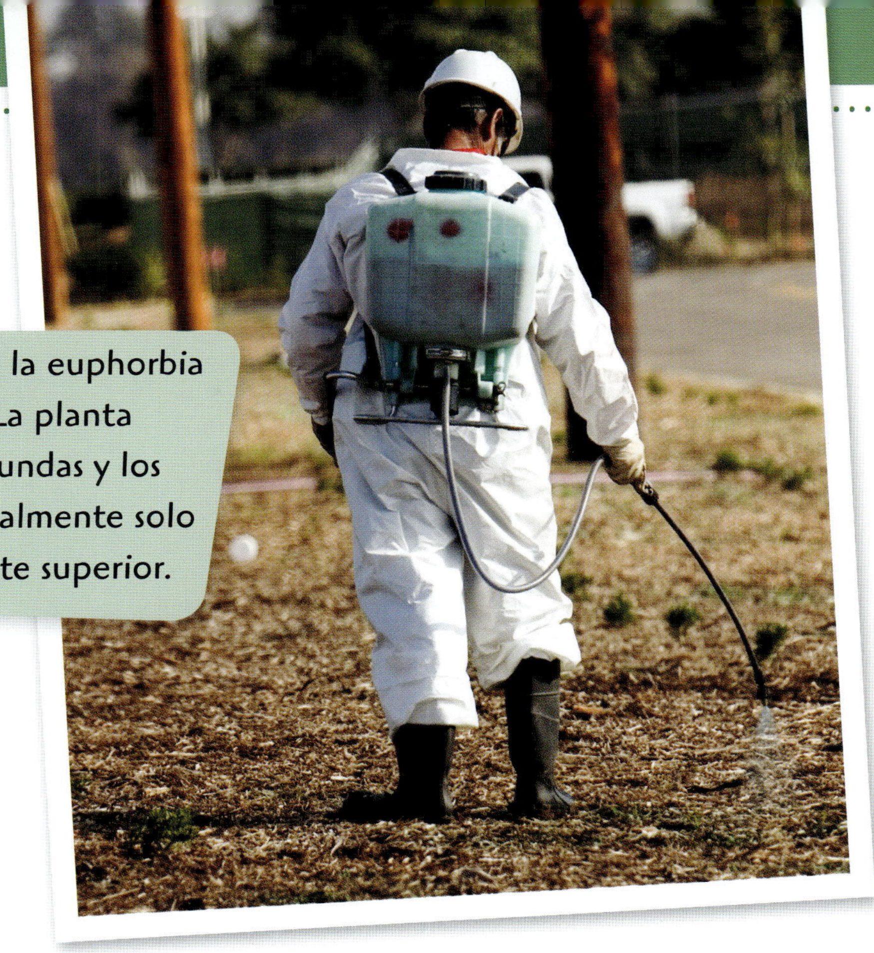

Es difícil matar a la euphorbia con herbicidas. La planta tiene raíces profundas y los herbicidas generalmente solo destruyen su parte superior.

Esta mala hierba se propaga a través de los pastizales, desplazando a las plantas que come el ganado. Muchos animales de pastoreo no pueden comer esta planta porque los enferma. El ganado no se come el pasto de los campos que tienen más del 20 por ciento cubierto con esta planta. Las cabras y las ovejas, son algunos de los pocos animales que se la pueden comer.

Es difícil deshacerse de la euphorbia. Las raíces de la planta pueden penetrar tan profundo como 21 pies (6.4 metros). La mejor manera de matarla es llevar cabras u ovejas a las áreas infestadas.

Capítulo 3

LA PLANTA QUE DEVORÓ EL SUR

Algunas plantas invasoras no se propagan rápidamente al principio. Permanecen en el área que se plantaron durante décadas. Si ocurre un cambio en el clima o una alteración en el suelo, comienzan a extenderse incontroladamente. El kudzu fue así. Vivió en Estados Unidos durante muchos años sin causar problemas. Los jardineros adoraban sus fragantes flores de color púrpura.

Guía sobre el kudzu

Apariencia:
vid de hojas verdes con flores rosadas y púrpuras

Formas de propagación::
crecimiento extremadamente rápido, semillas transportadas por animales

Métodos de eliminación:
corte, herbicidas, control biológico

Lugares donde hay udzu en Estados Unidos

Además de invadir el sur, el kudzu se ha hecho invasivo en dos estados del Pacífico noroeste: Oregón y Washington.

Las personas lo plantaron en vallas y barandillas. Y muchos disfrutaron de la sombra de las parras frondosas. El kudzu incluso fue utilizado como alimento para animales. A lo largo de la década de 1930, fue plantada en el sur para controlar la erosión del suelo. Pero en la década de 1950, el kudzu trepaba en árboles y postes de teléfono. Ahora, cubre completamente algunas casas antiguas.

Las flores púrpuras del kudzu lo hacen atractivo.

Cuando las vides de kudzu trepan a los árboles del bosque antiguo, bloquean la luz del sol que los árboles necesitan para crecer. Los árboles también se doblan bajo el peso de las vides invasoras. En los estados meridionales, los bosques ahora están siendo sofocados. Por suerte, el kudzu no puede crecer en climas muy fríos, así que esto no es un problema en los estados del norte.

El Kuzu puede cubrir completamente el suelo y los árboles.

Las vides de kudzu pueden crecer diez pulgadas (26 cm) por día.

¿SABÍAS QUE...?

Las plantas pueden moverse de varias formas de las áreas donde fueron plantadas. El viento puede llevar las semillas de las plantas por millas y dejarlas caer en áreas nuevas. La lluvia puede llevarse las semillas a las aceras, calles y ríos. Algunas semillas brotan en las riberas de los ríos. Las plantas también pueden escapar de los jardines si las aves comen sus semillas o frutos. Las semillas salen en los excrementos de las aves (junto con fertilizantes).

Trabajadores tratando de matar kudzu con herbicidas.

EL KUDZU ES DIFÍCIL DE ELIMINAR

Hoy en día, la gente llaman al kudzu “la planta que se comió el sur”. Ellos bromean acerca de que hay que cerrar las ventanas por la noche para evitar que crezca dentro de la casa. Pero el kudzu es una amenaza real. En 1972, el Departamento de Agricultura de Estados Unidos lo clasificó como una mala hierba y tomó medidas para acabar con él.

Algunos cocineros del sur hacen mermelada de flores de kudzu.

A los artesanos les gusta usar las vides gomosas de kudzu para tejer cestas.

La lucha contra el kudzu no ha sido fácil. Esta **planta perenne** crece desde las raíces cada año. Si la parte superior de la planta es comida por los animales o matada por **herbicidas** o el frío, volverá a crecer. El kudzu puede propagarse de 50 a 100 pies (15.2 – 30.5 metros) por año. Puede tomar diez años de aspersiones para matar una planta. Se han rociado toneladas de herbicidas sobre el kudzu. Pero esto solo ha ralentizado su propagación. La fumigación no lo ha matado completamente.

Se están explorando otras formas de control y uso del kudzu. Los agricultores pueden cortar y empacar el kudzu para alimentar al ganado. Las cabras y las vacas pueden ayudar a controlar la maleza comiéndosela. Esto probablemente no lo eliminará pero puede limitar su propagación. Los cocineros están experimentando con él como un nuevo alimento para las personas en los Estados Unidos. Los investigadores están estudiando el kudzu para ver si tiene aplicaciones médicas.

Los científicos han descubierto que el kudzu puede usarse para tratar el alcoholismo.

Capítulo 4

INVASORAS DE LA COSTA ESTE

Cuando los inmigrantes europeos llegaron a Estados Unidos, desembarcaron en la costa este y trajeron plantas no nativas con ellos. Hoy, la costa este es un centro importante para el envío de mercancías. Las plantas no nativas se cuelan en el país en barcos y aviones desde el extranjero. Algunas de estas plantas se han convertido en invasoras. Incluso las plantas no nativas traídas a Estados Unidos a propósito, pueden causar problemas.

Cuando los europeos llegaron a Estados Unidos trajeron plantas no nativas con ellos.

El jacinto de agua fue una adición colorida en las peceras.

PROBLEMAS EN EL PARAÍSO

Las plantas no nativas pueden convertirse en invasivas cuando la gente intenta hacer las cosas bien. Por ejemplo, los dueños de peceras a veces vierten sus plantas y peces no deseados en los océanos, lagos y arroyos para tratar de mantenerlos vivos. Esto es una mala idea. Las plantas y animales no nativos podrían sobrevivir y propagarse, causando daños a su nuevo hábitat.

Una planta de acuario que ha escapado y ha crecido salvaje es el jacinto de agua. Ahora está dañando los ecosistemas acuáticos. El jacinto de agua obstruye las vías fluviales, lo que hace difícil el paso de los barcos. Los jacintos también bloquean la luz solar en el agua, que arruina el hábitat de peces y plantas nativas.

El jacinto de agua usualmente tiene flores púrpuras.

Categorías de plantas invasivas

Categoría	Descripción	Ejemplo
1 o Alta	Estas plantas cambian y hacen daño a los ecosistemas. Desplazan a las plantas nativas y reducen el número de especies que viven en un ecosistema.	kudzu, jacointo de agua, leuphorbia, salicaria, tamarix
2 o Moderada	Estas plantas, en el futuro, podrían ser problemáticas. Se están extendiendo, pero aún no han causado daños graves.	árbol del cielo, centaurea, fallopia nipónica
3 o Limitada	Estas plantas no son un problema local pero pueden causar problemas en otros lugares.	nomeolvides común, hierba azul de Kentucky, lisimaquia de hisopo

Las inundaciones en la Florida han ayudado al jacinto de agua a expandirse por todo el estado y en los Everglades.

¿SABÍAS QUE...?

La región de los Everglades en el sur de la Florida ha sido dañada por las especies invasoras, la contaminación y el drenaje. Sin embargo, es todavía famosa por su gran número de plantas y animales.

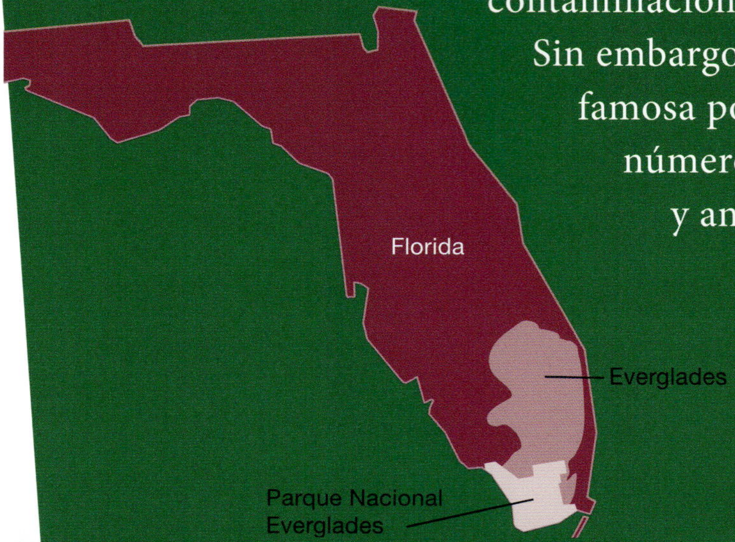

Guía sobre el jacinto de agua

Apariencia:
hierba acuática verde con flores púrpuras

Modos de propagación:
vías acuáticas, adherida a los botes

Métodos de eliminación:
escardar a mano y a máquina, control biológico

ÁRBOLES INVASORES

No todas las plantas invasoras son enredaderas o malezas. Algunas son árboles grandes. El árbol del cielo es originario de China. Un jardinero lo trajo a los Estados Unidos a finales del siglo XVIII. A mediados de siglo XIX, la planta estaba a la venta en todo el país.

Guía sobre el árbol del cielo

Apariencia:
árbol de hojas compuestas, flores verdes o amarillo pálidas

Modos de propagación:
produce muchas semillas, viento

Métodos de eliminación:
herbicidas, tala repetida

El árbol del cielo crece rápidamente y bloquea la luz solar a los árboles nativos. Produce muchas semillas que brotan rápidamente en forma de nuevos arbustos o árboles jóvenes. Puede crecer casi en cualquier lugar, incluso en las grietas de la acera. En las ciudades, las fuertes raíces del árbol rompen los cimientos de los edificios. Lo peor de todo es que la corteza y las raíces de este árbol producen un tóxico que mata a otras plantas.

INVASORES HERMOSOS

Muchas especies de plantas invasoras son hermosas. La gente que las ve piensa que son hermosas y las deja vivir. Les resulta difícil creer que una planta hermosa pueda ser perjudicial, pero algunas lo son.

Guía sobre la rosa multiflora japonesa

Apariencia:
arbusto de hoja ovalada con flores blancas o rosadas

Modos de propagación:
semillas transportadas por animales

Métodos de eliminación:
herbicidas, tala y quema repetida

La rosa multiflora crece cerca de las carreteras y los bordes del bosque y en las praderas y bosques abiertos.

La rosa multiflora de Japón fue primero plantada como una cerca viva. A los caballos y al ganado no les gustaban empujar las cercas espinosas. Posteriormente, los rosales espinosos comenzaron a invadir los pastos. Ni la gente ni la hierba podía pasar a través de ellos. Las plantas nativas fueron desplazadas.

Capítulo 5

LAS PLANTAS INVASORAS EN EL MUNDO

En todo el mundo, las plantas están encontrando su camino hacia nuevos hábitats. La gente viaja más fácilmente que nunca. Cuando llegan a lugares nuevos, pueden llevar las semillas o esporas de plantas extranjeras.

Guía sobre la caulerpa

Apariencia:
planta marina frondosa verde

Modos de propagación:
fragmentación, adherida a botes

Métodos de eliminación:
sustancias químicas como el cloro, cubrirla con PVC plástico negro

PLANTAS PROBLEMÁTICAS EN EUROPA

Un ecosistema dañado europeo está en Mónaco, un pequeño país en el mar Mediterráneo. Los científicos del Museo Oceanográfico cometieron un error que dañó al océano que tanto aman. El Museo estaba usando un **alga** tropical llamada caulerpa para embellecer sus acuarios. Durante la limpieza de los acuarios, alguien dejó escapar el agua afuera. Los pedacitos de algas sobrevivieron en el océano. Al principio nadie estaba preocupado. Los científicos pensaron que no sobrevivirían los inviernos fríos de Mónaco. La caulerpa sobrevivió y cubrió el suelo marino alrededor del museo con una capa gruesa y verde. Desplazando a otras especies de plantas.

La caulerpa se ha extendido a lo largo de la costa Mediterránea, al oeste, hasta España y al este, hasta Grecia.

¿SABÍAS QUE...?

Una de las peores plantas invasoras en Europa es la fallopia nipónica. Vino originalmente de Japón. Esta planta puede crecer hasta 9 pies (2.7 metros) de altura y forma crecimientos densos llamados matorrales. Pasar a través de ellas es casi imposible. Sus grandes hojas crean demasiada sombra e impiden crecer a otras plantas.

UN INVASOR EN CHINA

Recientemente la merremia boisiana ha sido vista creciendo en los árboles de la provincia Guangdong de China. Tiene flores amarillas, en forma de campana. Aunque la nueva vid es hermosa, estrangula a los árboles. Los chinos la llaman la asesina bonita de árboles.

La vid es un tipo de gloria de la mañana. Es nativa de la región al norte de la provincia de Guangdong. La planta se ha extendido hacia el sur porque los seres humanos la han movido y el clima en la zona se ha puesto cada vez más cálido. La planta no pertenece al sur, sin embargo, cuando la gente corta la vid, vuelve a crecer. Los herbicidas y la quema no la matan tampoco. La única manera de matarla es cortarla y luego excavar sus raíces de la tierra.

UN INTRUSO EN EL TRÓPICO

Tahití es una hermosa isla tropical en el Pacífico Sur.

En 1937, el árbol de miconia fue traído a un jardín botánico en Tahití. Las hojas del árbol crecen hasta tres pies (0.9 metros) de largo. La miconia se expandió a través de los bosques de Tahití durante 44 años antes de que la gente tomara medidas para controlarla. Ahora se ha apoderado casi del 70 por ciento de los bosques, y sus grandes hojas crean demasiada sombra a otras plantas.

La miconia amenaza los bosques de otras islas también. Se ha propagado a Hawai, pero la gente de allí está contraatacando. Están talando árboles y rociando los tocones con herbicidas. Equipos de voluntarios desentierran los árboles pequeños con la mano para deshacerse de ellos y evitar su propagación.

Guía sobre la miconia

Apariencia:
árbol, hojas de color verde en la parte superior y púrpura debajo, bayas moradas o negras

Modos de propagación:
semillas llevadas por aves y otros animales

Métodos de eliminación:
escardar a mano y a máquina, herbicidas

Capítulo 6

CONTROLANDO LAS PLANTAS INVASORAS

Las plantas invasivas pueden dañar los ecosistemas, animales, las plantas nativas y cambiar las redes tróficas completas. La mayoría de las personas están de acuerdo en que deben controlarse las plantas invasoras. Pero no todos están de acuerdo sobre la mejor manera de hacerlo.

Los herbicidas son ampliamente utilizados para el control de árboles y malezas invasoras. Pero los productos químicos que matan a las plantas también son tóxicos para personas, animales y otras plantas. Las personas que han estado **expuestas** a los herbicidas tienen una mayor probabilidad de enfermarse.

Los animales e insectos también son afectados por los herbicidas. La lluvia lleva los productos químicos a lagos y arroyos. Los peces e insectos que viven en el agua se ven afectados. Los animales que se alimentan de estos peces e insectos también se ven afectados.

Cuando las plantas invasoras son rociadas con herbicidas, a menudo mueren. Pero también morirá cualquier planta nativa que sea rociada por accidente. Solo queda el suelo desnudo. Las plantas invasoras vuelven porque se propagan mejor en los suelos alterados donde no vive nada más. Entonces la gente rocía el área con herbicidas otra vez. Y el ciclo se repite.

¿SABÍAS QUE...?

Los científicos han aprendido que las especies invasoras son mucho más fáciles de controlar antes de que consigan establecerse en un área. Una vez que se ha establecido una población grande de una planta invasora, puede ser imposible deshacerse de ella.

ALTERNATIVAS A LOS PRODUCTOS QUÍMICOS

La extracción **manual** es una forma de deshacerse de las plantas invasoras sin el uso de herbicidas. La gente retira las plantas a mano o con la ayuda de máquinas, como un arado. Esto puede dar mucho trabajo. Además, después de la extracción manual, muchas plantas invasoras vuelven enseguida. La extracción manual a veces no tiene éxito.

Puede tomar años de escarde para que una planta no crezca más en un área.

Las plantas nativas a veces pueden ser plantadas donde se han eliminado las plantas invasoras. Esto ayuda a restaurar la vegetación natural del área. Los agricultores pueden traer cabras y ovejas a pastar a las zonas invadidas. Los animales se comen las plantas y ayudan a detener su propagación.

CONTROL BIOLÓGICO

El **control biológico** puede ayudar a evitar la propagación de las plantas invasoras. Los científicos estudian una planta invasora en su hábitat natural e identifican sus enemigos naturales. Estos pueden ser insectos, hongos y animales.

En Nuevo México se usan escarabajos para controlar el tamarix.

A veces el enemigo natural más grande de una planta invasora es un insecto. Entonces los científicos ponen muchos de esos insectos en la zona donde se ha propagado la planta invasora. A menudo se traen insectos de otros países. El insecto se come la planta, y controla su propagación.

Pero a veces introducir una nueva especie de insecto puede causar un problema nuevo. El insecto no nativo también puede atacar a las plantas nativas. Entonces el insecto se convierte en invasivo.

El control biológico se está utilizando en muchas partes de Estados Unidos para ayudar a prevenir y detener a las especies invasoras.

Los científicos les hacen pruebas a los insectos en los laboratorios. Si los insectos comen plantas nativas, no son buenos como control biológico. Pero si se comen solamente las plantas no nativas, pueden ser puestos en libertad.

Puedes ayudar a tus padres a lavar su coche o bote antes de abandonar un área infestada por malezas.

¿CÓMO PUEDES AYUDAR?

Puedes ayudar a prevenir la propagación de plantas invasoras de varias maneras. Por ejemplo, si las semillas se adhieren a tus calcetines, ropas, zapatos o cabello, quítalos en el área donde se adhirieron. Este paso es especialmente importante si estás en algún lugar lejos de tu casa. Asegúrate de que no traes semillas cuando regreses. Busca áreas de suelo desnudos en lugares donde se hayan producido excavaciones y construcciones. Siembra plantas nativas en estas áreas para evitar que las plantas invasoras echen raíces.

Glosario

alga(s): organismo que vive en el agua

cadenas alimentarias: grupos de plantas y animales en el cual cada uno se alimenta del de abajo

control biológico: control de plantas invasoras utilizando sus enemigos naturales, como insectos

desplaza: toma el lugar de algo

ecosistema: una comunidad de plantas y animales que interactúan entre sí

erosión: el proceso de desgastar una sustancia, como el suelo

especies: uno de los grupos que se dividen las plantas y los animales

expuestos: no protegidos

fotosíntesis: proceso mediante el cual las plantas verdes producen su alimentos mediante el uso de la energía de la luz

hábitat: lugar en la naturaleza donde vive un animal o planta

herbicidas: productos químicos usados para matar las plantas

herbívoros: animales que se alimentan solamente de plantas

infestadas: llenas de algo dañino

manual: hecho a mano

plantas invasoras: plantas no nativas que se expanden fuera de control, a menudo desplazando a las plantas nativas

plantas nativas: plantas que viven en el entorno donde crecen naturalmente

plantas no nativas: una planta que se mudó a o fue llevada a un nuevo entorno donde no crece naturalmente

planta perenne: planta que crece otra vez cada año sin ser replantada

redes tróficas: grupos de cadenas alimentarias que se relacionan mutuamente

reproducirse: hacer hijos

toxinas: venenos producidos por plantas o animales

Índice

Sitios de la internet

kids.nationalgeographic.com/Stories/SpaceScience/Invasive-plants

www.sciencenewsforkids.org/articles/20040512/Feature1.asp

www.sgnis.org/kids/

Sobre la autora

Courtney Farrell escribe a tiempo completo y ya ha escrito nueve libros para jóvenes. Ella tiene una maestría en Zoología y está interesada en temas como la sostenibilidad y la conservación. Farrell está certificada como diseñadora y profesora de permacultura, un tipo de agricultura orgánica. Ella vive con su esposo e hijos en un rancho en las montañas de Colorado.